PERFECTO AMOR

Una exposición
acerca de cual
y como debe
ser el amor
que servirá
de puntal
principal a la
iglesia del Señor

Yiye Avila

EDITORIAL
UNILIT

Publicado por
Editorial **Unilit**
Miami, Fl. U.S.A
Derechos reservados

Primera edición 1996

Cubierta diseñada por: Alicia Mejías

Producto 550045
ISBN 0-7899-0070-X
Impreso en Colombia
Printed in Colombia

Contenido

PRÓLOGO

*C*uando el hombre se sumerge en Dios, éste puede experimentar que Dios ama a través de él. Este es el caso de nuestro hermano Yiye Avila. Él ha recibido el Bautismo del Amor que se entrega. Él se ha entregado al Señor y por amor ha obedecido al llamado de ir. Desde hace más de veinticinco años está yendo. Pasa su vida viajando por los caminos del mundo. Como viajaba Pablo, así viaja Yiye llevando el Evangelio de Salvación y orando por los enfermos.

Haciendo caso omiso de la injuria, de los peligros y de los falsos testimonios que le levantan, sigue viajando e invitando las multitudes a aceptar a Cristo como su Salvador. Yiye se ha parado en la brecha y ahí entre Dios y el infierno gime, clama y llora por las almas perdidas y por los que sufren los estragos de la enfermedad. La naturaleza de Dios, el amor, se manifiesta en su vida porque Cristo vive en él. Yiye vive lo que predica. Él se levanta muy temprano en la madrugada a orar por las almas. Vive en ayunos y ve el fruto de su dedicación y su pasión por las almas en millares de vidas que atienden a su llamado aceptando al Señor y en los milagros que son obrados por el Dios Todopoderoso en sus campañas. En ellas hemos visto los paralíticos levantarse de los sillones de rueda, muertos resucitar, personas con cáncer terminal ser sanados y muchos más. Muchas veces he oído a Yiye orar: "Señor, haz de mis ojos fuente de lágrimas para llorar por los que se pierden". Y Yiye llora todos los días. Por las noches, cuando en el auto regresa de los cultos, lleva apretado sobre su pecho la lista de las almas que en ese culto se convierten y ora llorando porque puedan crecer y perseverar.

El hermano Yiye hace el ayuno agradable al Señor: El de romper los yugos del diablo que atan las almas. Su ayuno más largo fue el de 41 días. En este ayuno, cuando el Señor le dijo que eran 33 los días de su ayuno, él le dijo al Señor: "Permíteme hacer ocho días más por la salvación de los drogadictos, las prostitutas y los adúlteros". Su fe inquebrantable en la fortaleza que viene de Jehová lo impulsa a moverse sin descanso y el Señor lo respalda en todos sus movimientos porque Yiye vive por la Palabra y su profundo sentir es el de el AMOR QUE SE DA, esto es, que se entrega por los demás.

Carmín Ramos de López
Autora del libro "Un Análisis del Rock"

INTRODUCCIÓN

A mor es sólo una palabra de cuatro letras. Pero la Palabra de Dios hace tanto énfasis en ella que dice que los cristianos debemos ser conocidos por los demás por nuestro amor.

En esto conocerán todos que sois mis discípulos,
si tuviereis amor los unos con los otros.

Juan 13:35

El amor es la esencia de la naturaleza divina; porque DIOS ES AMOR. El amor de Dios derramado en nosotros es la morada de Dios en el alma. Es la transmisión, por medio de nuestras vidas, de aquello que hemos recibido al vivir en constante comunión con Él. Es lo que existió desde un principio; es lo que motivó a Jesús a dejar sus moradas celestiales para morar en este mundo pecador; es lo que le inspiró el sacrificio de sí mismo; es lo que permanece para siempre en su corazón; es lo que nos dio vida cuando fue quitada la de Él. Sí, el amor vence el tiempo y la distancia para manifestarse y darse por nosotros. Y ese es el amor que se nos manda que tengamos unos con los otros: El AMOR

7

QUE SE DA. Es el mensaje que Jesús quiso transmitirnos cuando dijo:

> *Un mandamiento nuevo os doy, que os améis unos a otros, como yo os he amado.*

Juan 13:34

Como las aves, el amor tiene la capacidad de remontarse al cielo y desde sus alturas puede divisar mejor la necesidad de los que no pueden volar en alas del amor y entonces desciende en alas de la humildad a entregarse en servicio a ellos.

Este libro sobre el Perfecto Amor de Dios lo dedico a la preciosa NOVIA DEL CORDERO que pronto se va en el Rapto de la Iglesia y al Señor Jesús que se la llevará con Él.

Capítulo 1

La morada de Dios en nuestro corazón

Procurad, pues, los dones mejores. Mas yo os muestro un camino aun más excelente.

1 Corintios 12:31

*U*no de los versículos más maravillosos de las Sagradas Escrituras dice que "Dios es Amor". Este verso describe con profundidad la naturaleza de Dios mismo. Si la palabra define a Dios como AMOR, entonces este tema es de trascendental importancia. Hoy día no se aborda con la frecuencia y el énfasis que se debe abordar para que el pueblo de Dios entienda que sobre todas las cosas, lo más importante y lo único que va a permanecer es el amor.

La verdadera iglesia de Cristo es la que ama. Cuando el amor de Dios hace morada en nosotros, cuando la iglesia es impulsada por el perfecto amor, cuando los hombres de cerca y de lejos ven su manifestación, entonces tendrán que decir:

"los cristianos componen una organización única cuyo origen no es terrenal, si no que proviene del mismo trono de Dios". Como la zarza que ardía en el Sinaí indicaba que el "YO SOY" estaba allí (Éxodo 3:6), así el amor de Dios que arde en nuestros corazones le indica a los demás que TODO DIOS está en nosotros.

Para entender lo que implica que TODO DIOS puede estar en nosotros, estudiaremos la Palabra de Dios en 1 Corintios, capítulo 13. Este hermoso capítulo, que es una joya especial dentro de las Escrituras, nos enseña lo que el amor es y lo que implica para la Iglesia del Señor.

El amor y las lenguas

El apóstol Pablo comienza hablando estas palabras:

> *Si yo hablase lenguas humanas y angélicas y no tengo amor, vengo a ser como metal que resuena o címbalo que retiñe.*

1 Corintios 13:1

Con lo primero que Pablo compara el amor es con las lenguas. Esto implica que el hablar en lenguas es de suma importancia para la comunicación con Dios; aunque algunas teologías modernas no lo quieran reconocer. Pablo dice, que él hablaba más lenguas que todos los corintios. Añade que el que habla en lenguas se edifica a sí mismo, que el que habla en lenguas habla en el espíritu, ora en el espíritu y habla misterios con Dios. De modo que el hablar en lenguas es algo maravilloso. Pablo dice: *"Deseo que todos hablen en lenguas"* (1 Corintios 14:5). ¿Por que? Porque es un instrumento poderoso de batalla que enriquece nuestra adoración, eso es oración en el espíritu.

Sin embargo, Pablo dice, que si hablamos en lenguas humanas o angelicales y no tenemos amor vamos a hacer como metal que resuena o címbalo que retiñe. Si usted agarra un pedazo de metal y lo golpea para que suene, ¿Qué beneficio obtiene? Sólo un alboroto. Así es el creyente que no tiene amor, aunque hable en lenguas. Hoy día vemos eso en las iglesias, gente que habla en lenguas, pero no se edifican a sí mismos, pues de amor no tienen ni un reflejo en sus vidas. Estos, mientras hablan en lenguas, con su mente deben orar: "Señor, lléname de tu amor" y así puedan ser fieles testigos de Jesucristo.

El amor y la profecía

Pablo dice aun más, *"Y si tuviese profecía ...y no tengo amor, nada soy"* (1 Corintios 13:2). La profecía se supone que es más grande que las lenguas porque edifica la iglesia. En forma enfática Pablo dice, que "si no tengo AMOR, nada soy".

Esto implica que si tenemos el don de profecía y no tenemos amor, delante de Dios no somos nadie. No es el DON, es el FRUTO del AMOR lo que nos hará notable ante los ojos de Dios. La profecía es sumamente importante. La Biblia dice, que el que profetiza, habla a los hombres para edificación, exhortación y consolación (1 Corintios 14:3).

Estos tres puntos son muy importantes, pues en ellos está envuelto el bienestar de la iglesia, del cuerpo de Cristo, o sea, del grupo de creyentes que se congregan. Si se levanta alguien en profecía se supone que traiga mensaje que va a edificar a ese pueblo, lo va a exhortar, o estimular a una búsqueda más profunda de Dios, a consagrarse más cada día. Lo va a consolar en sus pruebas y tribulaciones. La profecía no es para dividir la iglesia. No es para traer un mensaje que juzgue y atribule al hermano. La profecía no es para decirle a usted con quién se va a casar, ni para decirle que se cambie de iglesia. Esa no es la profecía. La profecía tiene tres propósitos: edificar, consolar y exhortar la iglesia. Los que tengan don de profecía manténganse en esos tres propósitos para que no se salgan de la órbita celestial. Sin embargo, de algo tan grande como la profecía, Pablo dice: "Pero si no tengo AMOR, nada soy".

El amor y el don de ciencia

Añade el apóstol Pablo: *"Y si entendiese todos los misterios y toda ciencia..."* (1 Corintios 13:2). Esta es una tremenda aseveración. La ciencia es conocimiento que viene de arriba. No estamos hablando de la ciencia del mundo, estamos hablando de la de Dios. Ciencia que viene por el espíritu de Dios que le revela cosas desconocidas a los suyos:

> *Antes bien, como está escrito: Cosas que ojo no vio ni oído oyó, ni han subido en corazón de hombre, son las que Dios ha preparado para los que le aman. Pero Dios nos las reveló a nosotros por el Espíritu; porque el Espíritu todo lo escudriña, aun lo profundo de Dios.*

1 Corintios 2:9-10

Conocimiento profundo de tantas cosas y cuántos misterios escondidos en la mente de Dios. Pero si tiene el don de ciencia a la profundidad más grande que se pueda mencionar y no tiene AMOR, Pablo dice: "nada soy".

El amor y la fe

Añade Pablo, *"Y si tuviese toda la fe, de tal manera que trasladase los montes, y no tengo amor, nada soy"* (1 Corintios 13:2). Esto sí es grande, pues la misma Palabra establece que sin fe es imposible agradar a Dios (Hebreos 11:6). Pero no importa cuán grande sea nuestra fe, si no tenemos amor nada somos. Seríamos un escombro en la iglesia. La fe es sumamente necesaria, pues por fe somos salvos, por fe somos sanados, por fe recibimos el bautismo del Espíritu Santo, por fe retenemos todo lo que Dios nos da. Sin fe es imposible agradar a Dios. Sin embargo, si no tenemos amor, de nada nos vale.

Por eso es que la Biblia dice que todas nuestras cosas se hagan en amor. El que tiene fe debe manifestarla en amor. El que tiene ciencia, debe manifestarla en amor. El que tiene lenguas, que sea para edificar. El que profecía, ejecute su don con amor. Cuando se tenga confirmación para poder decir lo que el Señor ha mostrado, hay que orar para poder decirlo con amor. Que se manifieste en tal forma que la iglesia, o la persona involucrada vea que queremos bendición para ella.

Hay profecías que son manifestadas hasta con ira. Profecía que al mismo tiempo la combinan con satanismo, pues la ira es del diablo. Es un espíritu de juicio y de injuria. Pero la palabra de Dios establece que todas nuestras cosas sean hechas en amor (1 Corintios 16:14).

Si usted no se mantiene en ese plano está fuera de la Palabra, está fuera de la voluntad de Dios. El cristiano debe sumergirse dentro de la voluntad de Dios a través de Su Palabra. El vivir por la Palabra nos hace parte del cuerpo de Cristo y en Su cuerpo se manifiesta el amor que es la fuerza más poderosa que existe. Si por algo debemos preocuparnos es por llenarnos del amor de Dios. Debemos orar: "Señor arranca todo espíritu de juicio de mí. Arranca todo espíritu de contienda. Arranca todo espíritu de ira, todo espíritu de enojo, todo espíritu de guerra y lléname de tu amor. Anhelo la plenitud de tu amor. Dame un bautismo de amor. Que yo pueda amar y que yo pueda tener misericordia y compasión". Eso es lo verdaderamente grande.

Si tenemos la fe que opera los milagros más grandes, que hace el cáncer desaparecer, que hace que los paralíticos se levanten, que echa fuera demonios, y no tenemos amor, nada somos. Por eso es que la Palabra establece que en aquel día muchos le dirán al Señor:

> *Señor, Señor, ¿no profetizamos en tu nombre y en tu nombre echamos fuera demonios, y en tu nombre hicimos muchos milagros? Y entonces les declararé: Nunca os conocí; apartaos de mí, hacedores de maldad.*

> Mateo 7:22-23

¿Y por qué nunca los conoció? porque no andaban en el amor de Dios. Dice Pablo en Gálatas 5:6, que la fe que tiene valor es la que obra por el amor. El amor de Dios es la naturaleza de Dios y cuando el Espíritu Santo nos llena, el amor de Dios es derramado en nuestros corazones. Aunque haya prodigios, milagros y maravillas; si no hay amor, algo está mal. Algo hay que corregir.

Hoy día las iglesias han cometido un error. Es que han puesto la fe como el puntal que las sostiene. "Dime cuánto crees y sabré si eres buen cristiano". Las iglesias se han ido convirtiendo en un rito de creencias que aunque son necesarias, han sido llevadas a tal punto que han sustituido al que debe ser el verdadero puntal, el AMOR. Se puede tener la fe que mueve las montañas, sin embargo, dice la Palabra que el mayor de todos es el amor (1 Corintios 13.13).

Nos tenemos que concentrar primeramente en el amor y luego en los dones del Espíritu Santo. Primero en el amor y después en todas las maravillas que queremos ver de parte del Señor. Gloria a Dios por todo lo demás que es tan bueno y necesario. Por la fe maravillosa, hay que predicar fe, enseñar fe, pues sin fe estamos fracasados. Pero más grande que la fe es el amor. Que para dondequiera que me mueva, actúe y obre, hable y haga, sea en el amor de Dios. Si no, perdemos los esfuerzos que hacemos. Nada somos sin amor, dice el apóstol. Y Pablo está enseñando de parte de Dios. Está hablando en el espíritu. Él dice, que todo lo recibió del Señor, directamente de Dios. Está dando una enseñanza decisiva a la iglesia.

El amor y el dar limosna

"Y si repartiese todos mis bienes para dar de comer a los pobres..." (1 Corintios 13:3). Dar limosna es una bondad que Dios elogia. Dios elogió a Cornelio porque daba limosna continuamente. Y añade: *"Aun si entregase mi cuerpo para ser quemado, pero no tengo amor de nada me sirve"*. Es decir, que el simple hecho de dar limosna, no llena el requisito de lo que significa el amor de que habla la Biblia. Dar limosna es una cualidad muy buena en el creyente. Es un atributo de bondad y misericordia. Pero no siempre esto es una manifestación del PERFECTO AMOR. Para muchos el dar limosna es una forma de aplacar su conciencia. De enmudecer la voz de la conciencia que le reprocha tantas cosas.

Entonces, ...¿Qué es el AMOR?

Capítulo 2

Qué es el amor

No se goza de la injusticia, mas se goza de la verdad.

1 Corintios 13:6

Q ué entonces es el amor? Cuando Pablo habla de amor, está hablando del AMOR de Dios. No del cariño de papá para los nenés, ni de mamá para papá. No es del cariño humano. Es del amor de Dios. Pocos pasajes de la Biblia nos hablan tan claro del amor de Dios como en el Libro de Juan. Pasaje que hemos leído, oído y predicado cientos de veces y cada vez que lo hablamos luce más y más lindo. Dice:

Porque de tal manera amó Dios al mundo, que ha dado a su Hijo unigénito, para que todo aquel que en él cree, no se pierda, mas tenga vida eterna.

Juan 3:16

¡Tanto amó Dios al mundo! ¿Qué mundo está amando? Un mundo impío que le ha dado la espalda, que lo ha traicionado y lo ha injuriado. Sin embargo, tanto amó Dios a ese mundo perdido, enemigo de Él, que nos ha dado Su Hijo Unigénito. ¡Qué maravilloso regalo nos dio! Regaló Su Hijo a un enemigo. Vaya aprendiendo, lo que es el amor de Dios. Dio Su propio Hijo en sacrificio para que todo el que crea en ese Cristo maravilloso, tenga la oportunidad de ser salvo. Todo el que creyere en Cristo, en el sacrificio que hizo en la Cruz, en la sangre que por nosotros vertió en el Calvario, no se perderá, si no que tendrá vida eterna. Dios le dio vida a través de Su Hijo a sus enemigos, a los impíos más grandes, a los blasfemos, a los idólatras, a los hechiceros, a las pitonisas que claman por los muertos y a cuanto pecador hay aquí abajo en la tierra. Y nos dio vida sacrificando su propio hijo. Eso es AMOR.

Ya estamos entrando en la profundidad de lo que significa amor. Es más grande que dar limosna. Cualquier rico da limosna de lo que le sobra, eso no es amor de Dios. Dios dio lo que más amaba, lo más grande en el cielo, Su Hijo. Así es el amor de Dios. La naturaleza de Dios es Su amor. Lo que Dios realmente es, respira, habla, piensa y ejecuta es amor. Todas sus ejecutorias nos dan un ejemplo de lo que es Su amor. El amor de Dios en nosotros es la disposición de perder lo que más amamos con tal de que se salve alguien que está perdido. Eso fue lo que hizo Dios. Su nombre sea glorificado.

Moisés estuvo dispuesto a dar su vida por el pueblo de Israel porque tenía amor de Dios. Conociendo que ya Dios estaba tan airado por tanto pecado de Israel y que Dios le había dicho que destruiría el pueblo, Moisés se para en la brecha y le dice a Dios:

> *Te ruego, pues este pueblo ha cometido un gran pecado, porque se hicieron dioses de oro, que perdones ahora su pecado, y si no, ráeme ahora de tu libro que has escrito.*

Éxodo 32:31-32

En otras palabras, le dijo: "mándame al infierno antes de destruir este pueblo". Moisés estaba dispuesto a darse porque tenía el AMOR QUE SE DA, que se entrega a sí mismo por los demás. Dios iba a destruir el pueblo de tal forma que ni su nombre iba a ser recordado (Deuteronomio 9:14). Pero por la intercesión de Moisés, Dios no los destruyó. Cuando el amor de Dios se mueve a toda plenitud, a salvar, a sanar, y a hacer obras increíbles. Cuando ese amor de Dios se manifiesta en nosotros, éste mueve a Dios, porque es Su propia naturaleza que se manifiesta en nosotros actuando. El amor de Dios es un anhelo sobrenatural que se manifiesta a través de nosotros, que viene directo del cielo, para que se salven los perdidos, los hundidos, los que van rumbo a la condenación.

En 1 Pedro 4:8 leemos:

> *Y ante todo tened entre vosotros ferviente amor, porque el amor cubrirá multitud de pecados.*

¿A qué amor se refiere? ¿Cuál es el amor que cubre multitud de pecados? Santiago 5:20, contesta esta pregunta. Dice:

> *Sepa que el que haga volver al pecador del error de su camino, salvará de muerte un alma, y cubrirá multitud de pecados.*

Ahí vemos cuál es el amor que cubre el pecado de los que se pierden. Es el AMOR QUE SE DA; el que hace que uno se mueva en busca de los perdidos. Es cosa maravillosa lo que dice Santiago: "que podemos salvar de muerte las almas". ¿Y cómo es esto? Pues porque Cristo es la puerta a Dios, pero nosotros somos la puerta a Cristo. Somos los instrumentos que, usados por el Espíritu Santo y llenos del amor de Dios, no nos cansamos de procurar que los pecadores procedan al arrepentimiento.

Usted puede tener todos los atributos buenos que pueda mencionarme. Hay gente que dice: "Pues por qué yo me tengo que convertir si yo nunca le he hecho mal a nadie". Eso no es amor de Dios, son buenas cualidades que tienen. El amor de Dios es un anhelo sobrenatural de que se salve la humanidad, que los perdidos escapen del infierno, ya que hay un cielo que ganar y un infierno que escapar. Es un anhelo de que se manifieste lo eterno. La limosna es algo precioso, pero eso no es eterno, ella por unos días satisface la necesidad de alguien y luego vuelve a las mismas. El amor de Dios satisface lo eterno, trae a manifestación lo que va a permanecer para siempre. Los milagros no son eternos, la profecía no va a ser eterna, eso va a pasar pronto. Las lenguas y la ciencia no van a ser eternas (1 Corintios 13:8). Pero el amor nunca dejará de ser, es el mayor de todos y permanecerá para siempre.

Es importante que oremos para que se manifiesten todos los dones en nosotros, debemos anhelarlos. Pero, por sobre todas las cosas anhele que la plenitud del amor de Dios se manifieste en usted, porque sin Él todo lo demás se manifiesta en vano. Es lamentable que hoy en día esto no es de mucha preocupación en la iglesia de Jesucristo. Muchas iglesias se ocupan más de los dones y las finanzas, que junto a otras cosas también son importantes, pero lo más importante está postergado. Ya casi ni se habla de él, del camino excelente que habla Pablo, refiriéndose al amor cuando dice:

Procurad, pues, los dones mejores. Mas yo os muestro un camino aun más excelente.

1 Corintios 12:31

Cuando se habla de amor no se explica lo que es. Hay que entender lo que implica y envuelve el amor. Si nos movemos dentro de la esfera del amor, todo Dios estará en nosotros. Cuando todo Dios está en nosotros, se manifestarán los dones, pues todo Dios estará manifiesto. Todo estará disponible y al alcance del que se ha sumergido en el PERFECTO AMOR.

Lo más grande es el amor de Dios que ha sido derramado en nuestros corazones por el Espíritu Santo que nos ha sido dado. El amor de Dios es la naturaleza de Dios, el sentir de Dios, lo que Dios realmente es, manifestado en nosotros por el Espíritu de Dios dentro de nosotros. Por lo tanto, no escondamos eso, no lo impidamos, dejemos que brote de adentro hacia afuera como fuente de agua pura. Si la palabra dice en 1 Corintios 14:39: *"No impidáis el hablar en lenguas"*, menos podemos impedir que se manifieste algo que es más grande: el amor de Dios a través de nosotros. ¡Gloria al Nombre de Jesucristo!

Capítulo 3

Cómo es el amor

Todo lo sufre, todo lo cree, todo lo espera, todo lo soporta.

1 Corintios 13:7

El amor es sufrido

Siendo que la naturaleza de Dios, el amor, se manifiesta en nosotros por la virtud del Espíritu Santo, veamos lo que esto implica. Lo primero que dice Pablo en 1 Corintios 13:4 es: *"El amor es sufrido"*. Hay gente que tienen temor a sufrir. Pero, ¿quién sufrió más que Jesús, que dice la Palabra, que ciertamente llevó nuestras enfermedades y sufrió nuestros dolores? Si sufrimos por nuestras propias maldades, no es amor; eso es una consecuencia del pecado.

Padecer sufrimientos en una cárcel, también es consecuencia del pecado. Sufrir por enfermedad tampoco es amor. Pero, sufrir por las necesidades de los demás y por las almas que se pierden en el pecado, es la manifestación del amor de Dios en nosotros a toda plenitud. Isaías el profeta mesiánico, dice:

23

> *Mas él herido fue por nuestras rebeliones, molido*
> *por nuestros pecados; el castigo de nuestra paz fue*
> *sobre él, y por su llaga fuimos nosotros curados.*

Isaías 53:5

Jesús ciertamente sufrió nuestros dolores. ¿Por qué tenía que sufrirlos si Él nunca pecó? Todos nuestros sufrimientos y nuestras enfermedades han venido por culpa del pecado. Sin embargo, el que no tenía que ver con eso, el que nunca hizo mal alguno, ése sufrió por nuestros pecado. Fue hecho pecado por causa nuestra. Fue hecho maldición. Pagó las consecuencias del pecado y de la maldición por culpa nuestra. Murió por causa de nuestras maldades para poder salvarnos. Por amor se entregó a Sí mismo y a través de tanto sufrimiento, Su sacrificio sirvió de puente para restaurar la comunión con Dios, que el hombre había perdido en el huerto del Edén.

Por amor, Dios nos dio el regalo más grande que jamás nadie ha dado. Su propio Hijo en sacrificio para que nosotros podamos ser salvos. Entonces, no nos resistamos cuando Dios nos reclame de vez en cuando, que ayunemos dos o tres días, para que se rompan las trabas del diablo y se salven las almas. Eso es un pequeño sufrimiento comparado con el de Jesús. Él tuvo que ayunar también, hizo 40 días de ayuno. Pero, cuando hay amor de Dios estamos dispuestos a sufrir lo indecible con tal de que la pobre humanidad se levante del lodo cenagoso del pecado.

Hemos ido a predicar a muchos países y lo hemos hecho con nuestro corazón desesperado porque se salven las almas, que se sanen los enfermos y Dios bendiga al pueblo. Sin embargo, en muchos de ellos, aparecen los titulares en los periódicos diciendo, que soy un ladrón, un buscón, un farsante, un engañador y un anticristo. Ante todo esto, tengo que quedarme callado y orar: "Señor, perdónalos, ten misericordia de ellos, no les imputes pecado, pues por ignorancia lo hacen". Si uno se les opone y se va a contender con ellos, se empeorará la situación y pueden deportar a uno del país, lo cual arruinaría la campaña y se les privaría a miles de recibir el Mensaje de Salvación, y a Jesucristo como Su Salvador. Cuando hay amor, uno está dispuesto a sufrir lo que sea. Insultos de todo tipo, injusticias, agravios y difamaciones, pues son más importantes las almas perdidas que mi sufrimiento por causa de las injusticias contra mi persona. Uno sufre profundamente, pero uno tiene que soportarlo todo en amor.

El amor es benigno

Pablo, inspirado por el Espíritu Santo continúa diciendo: *"El amor es benigno"* (1 Corintios 13:4). Se refiere a la benevolencia, la compasión y piedad. De Cornelio, dice la Biblia, que era piadoso. Una persona piadosa es indulgente, soporta, perdona y prefiere callar y pasar por alto muchas cosas con tal de no ofender, ni de lastimar, para que la otra persona pueda ser bendecida. Alguien que es suave en sus reacciones, no es áspero ni violento, por el contrario es benigno y amable. Mire cuán benigno es Dios que estando yo en el mundo, me daban arranques de ira cuando jugaba béisbol y miraba hacia arriba y blasfemaba. Sin embargo, la benevolencia de Dios fue tan grande que en esos momentos nunca levantó Su mano contra mí para castigarme o matarme. Por mi pecado no podía percibir Su mirada, pero ahora sí sé que me miró con misericordia, con indulgencia.

No hay nadie tan bueno como Dios. Hay gente que lo niega, dicen que no creen, que es una ridiculez que Dios exista. Sin embargo, Dios está mirándolos con amor y buscando gente que les hablen, a ver si se arrepienten y haciendo milagros para que vean y por ellos crean y se arrepientan. Por eso son tan importantes los milagros, porque hay gente que si no ven milagros no creen. Jesús lo dijo, que si no creen por la Palabra, crean por los milagros. Medite en cuánto poder hay en un milagro, cuando muchos no creen por la Palabra y creen por un milagro. La Palabra es tan poderosa que ella dice, que es potencia de Dios para salvación. Pero, son muchos los que se han salvado por milagros. Yo me salvé por un milagro; Dios me sanó de artritis reumática crónica y yo dije: "Aquí me quedo, esto es más grande que el béisbol, más grande que el levantamiento de pesas y más grande que toda la basura de este mundo". Por el milagro yo pude entender, que Dios era más grande que todo lo demás. La ciencia médica no pudo, la cortisona no pudo, los masajes de ultrasonido no pudieron, pero Dios pudo. Y con un milagro me mostró su poder sobrenatural y Su AMOR, que aunque yo no lo merecía, Él me sanó para que creyera en Él. Ese es el amor de Dios.

Es fácil amar a una persona por sus méritos, por su amable sonrisa, porque nos den una ofrenda o porque nos brinden cariño. Pero la verdadera prueba de fuego del amor es cuando podemos amar al que nos aborrece. Ese es el amor de Dios. Amarás a los que te aborrecen. Los amarás tanto que deseas que se salven y estás dispuesto a sufrir por ellos y a soportarlo todo por amor a ellos. Ese es el amor de Dios. Dios lo hizo y espera lo mismo de nosotros. ¿Quién podrá justificarse delante de Dios, si Él es la personificación del PERFECTO Y ÚNICO AMOR? En su Palabra nos dice:

Sed perfectos como vuestro Padre que está en los cielos es perfecto.

Mateo 5:48

El amor no tiene envidia

Dice el apóstol Pablo, que el amor no tiene envidia (1 Corintios 13:4). Es triste reconocerlo, pero hay muchos llenos de envidia hoy día en el pueblo de Dios; llenos de celos. Si Dios levanta un ministerio, se llenan de ansiedad porque se hunda, tramando contra el mismo, murmurando, criticando y juzgando. Esos, no tienen amor de Dios y el que no tiene su amor no lo ha visto, ni lo ha conocido, porque el amor de Dios es la naturaleza de Dios dentro de nosotros, derramado por el Espíritu Santo en nuestros corazones. Y usted los ve que hablan en lenguas, saltan, danzan y se mueven. Dicen: "Yo soy cristiano", pero están llenos de envidia. Eso no es genuino, su sentir es la manifestación de un demonio que los domina.

El amor no tiene envidia, por el contrario se goza en las victorias del hermano. Se goza cuando Dios usa a sus siervos, pues eso es gloria para Dios. No podemos movernos con espíritu de vanagloria, ni por el yo, ni porque vean cómo Dios nos usa. Nuestros movimientos tienen que ser para que Dios se glorifique y la gente se salve. Eso es lo único que nos tiene que mover. Si Dios levanta a uno y lo usa más que a mí, yo tengo que gozarme y decir: "Señor, gracias, ayúdalo y úsalo más".

En Estado Unidos hay ministerios tremendos. Yo oro continuamente para que el Señor les prospere en todo. No puedo pedirle a Dios que las bendiciones de ellos las comparta conmigo, pues Él tiene suficiente para darnos a todos en sobreabundancia. Todo le pertenece y no es escaso repartiendo cuando por amor nos damos a Él. Tenemos que gozarnos cuando Dios levanta hombres y los usa en forma especial, máxime si tenemos testimonio de que son sinceros con Dios y usan el dinero en Su obra. Yo pido a Dios para mí porque tengo el mismo propósito de alcanzar millones de almas; pero pido también para ellos, con todo mi corazón, porque sé cómo es que Dios los usa y cómo es que han llevado bendición y salvación a millones de perdidos.

El amor no se aflije por el bien ajeno, ni por sus dones, ni por sus buenas cualidades, ni por su casa, ni por su tierra. Si amamos a nuestro prójimo estaremos muy lejos de sentir envidia por su bienestar, por el contrario, nos gozamos con él.

El amor no es injusto

"El amor no se goza de la injusticia" (1 Corintios 13:6). Fíjese que la justicia de Dios es Su Palabra. Ahí no hay injusticia de ninguna clase. Si en la Palabra de Dios no hay injusticia, en el amor de Dios no puede haber injusticia alguna. El amor de Dios es justo. Obra conforme a la Palabra. Se mueve conforme a la justicia divina. Soy testigo de grandes injusticias cometidas por hombres con ministerios de Dios. Yo los he visto pararse en sus púlpitos y tomarse su tiempo para recolectar una buena ofrenda para el evangelista y luego de haber logrado una colecta de cientos de dólares sólo le han entregado un cheque por veinte cinco dólares. Son muchos los que le roban la ofrenda a los siervos de Dios, que como dice la Palabra, son obreros dignos de su salario (1 Timoteo 5:18). ¿Dónde está el amor? La Palabra dice que los ladrones no entran al reino de los cielos. El amor no es injusto. El amor lo que anhela es dar y que el prójimo prospere. El ladrón le roba a su prójimo.

Nosotros tenemos que actuar en justicia. La falta de amor nos lleva a actuar injustamente. Un espíritu del diablo es el que se manifiesta. Tenemos que cuidarnos, porque cuando obramos en forma injusta en nuestras relaciones con los demás, estamos con un pie en el infierno. Dios es un Dios justo. Él lo ve todo y lleva buen récord de lo más mínimo. Hay que moverse con temor y temblor en las cosas de Dios, con sumo cuidado. Cuando venga el día del juicio abrirán los libros y a cada persona le van a leer todos los detalles de su vida. ¡Cuántas cosas secretas van a ser reveladas! La Palabra dice que todo saldrá a la luz. Un hombre de amor se goza de todo lo que trae gloria a Dios y promueve la paz y la buena voluntad entre los hombres.

El amor no se envanece

Dice el Apóstol, que el amor no se ensancha, no se envanece (1 Corintios 13:4). El que se envanece se va llenando de un espíritu de vanagloria, de orgullo. Se llena de arrogancia y soberbia, se torna un engreído, ostentoso y jactancioso. Le atormenta un demonio de "yo" y no puede pensar en los demás.

Si estamos llenos del amor de Dios, entendemos que somos siervos inútiles y que no hemos hecho nada (Lucas 17:10), que es Dios quien lo hace todo y lo alabamos y glorificamos porque hizo algo a través de nosotros por misericordia, pues para qué tiene que usarme a mí si Él tiene al arcángel Miguel. Para qué tiene que usarlo a usted si puede disponer del ángel Gabriel. Él tiene millares y millares de ángeles que le sirven, entonces ¿por qué nos usa? Por Su amor.

Así es Su amor por nosotros. A los más pequeños nos escogió, a nosotros, que somos inútiles. Pero Él planificó para nosotros como diciendo: "Voy a hacer algo con ustedes para poderlos premiar, para poderles dar recompensa, para poderles hacer partícipes de mi reino". Ese es el amor de Dios. Pero si tenemos una apreciación exagerada de nuestra propia importancia personal, jamás podremos amar verdaderamente al prójimo. El amor se caracteriza por dar de sí mismo en lugar de buscar para sí.

El orgullo es incompatible con el amor. La Palabra de Dios dice que nadie tenga más alto concepto de sí que el que debe tener (Romanos 12:3). El orgullo mira por encima del hombro, pero la compasión hará que desaparezca la arrogancia.

Según profundizamos en este tema nos vamos percatando de lo decisivo que es diariamente sacar tiempo para clamar por esto. "Señor, arranca de mí toda vanidad, toda carnalidad, toda arrogancia, todo lo que no sea agradable a ti. Que penetre tu amor en mí, enséñame a amar, que tu misericordia y tu compasión se manifiesten a través de mí". Eso es lo que necesitamos, no es espíritu de juicio, ni espíritu de guerra, ni de contienda; es espíritu de AMOR, AMOR y más AMOR. Si nos movemos en amor, Dios se mueve con nosotros, Él nos respalda en todo y el diablo tiene que huir.

El amor no hace nada indebido

El verso 5 de 1 Corintios 13 dice: *"No hace nada indebido"*. En otra versión dice: "No es injurioso". Injuriar es ofender o hacer daño con palabras. Se maltrata con palabras y muchas veces lo que se dice es a espaldas de la persona. Insultar al hermano es atribularlo y hacerlo sentir mal y deprimido. También es provocarlo a caer en el mismo pecado de la injuria. El cristiano no puede estar pensando en injuriar, ni en insultar, ni atacar. Más bien debe pensar la forma en que debe llevar bendición al hermano, cómo ayudarlo, qué hacer para que se levante si creemos que está caído o nos ha ofendido. Es el hermano que está sirviéndole al mismo Dios que le sirvo yo y que está peleando por la salvación de las almas como estoy peleando yo. Tengo que tener un desespero por estimularlo, por ayudarlo a levantarse para que realmente sea una bendición en la obra de Dios. El amor no injuria ni lastima al hermano. No lo insulta, no lo deprime, si no que procura traerle gozo. Procura hacer algo que levante al hermano en la fe y en un deseo mayor de servirle a Dios. Algo que lo estimule, que lo llene de una nueva convicción.

Es muy lamentable ver que en muchas iglesias hay hermanos que ni se saludan, ni se dirigen la palabra. El que tiene
amor no obra mal contra su prójimo y nunca hace el mal con
conocimiento o intencionalmente a ninguna persona. El amor
está ausente de crueldad y acciones perversas e indecorosas.
El amor pone control a la lengua y a los ojos para no ofender.
El amor aparta la mentira, la falsedad, el fraude y el engaño
de su boca. El amor nunca es descortés, pues el amor es el
poder que nos mueve a otros por el bien de ellos mismos.

El amor no busca lo suyo

(1 Corintios 13:5) El amor no busca su propio interés, el amor
se da por entero. El amor no espera una recompensa, el amor
se da, no importa lo grande o humilde que sea el que lo
necesite. En el momento de dar amor, se hará tan sólo midien-
do cuán provechosa será la obra para el que va a recibirlo.

Muchas denominaciones evangélicas buscan su propio interés y no tienen comunión con otros hermanos de otras
denominaciones que también profesan a Cristo. Eso es contrario a la naturaleza de Dios. Dios bendice a todos por igual,
Él no está buscando sus propios intereses para beneficio
personal. Si ya nosotros tenemos lo esencial en nuestras
vidas, que es Cristo, nuestro móvil principal debe ser alcanzar
a otros para Él. Lo demás viene por añadidura. Alcanzar a
otros para Cristo, no es robarle los miembros a otra iglesia. El
amor hace que uno se niegue a sí mismo y se pare en la brecha
por los demás. Hace que uno tome el lugar del otro, y vea sus
debilidades, no con actitud crítica, si no pensando que si
nosotros también fallamos debemos estar en la mejor disposición de ayudarlo.

Dios no pensó en sí mismo, si lo hubiese hecho no envía a
Jesucristo a morir por nosotros. Dios pensó en nosotros que
estábamos perdidos. Pensó en nosotros que éramos sus ene-

migos porque nos habíamos tornado a la idolatría y a los placeres de este mundo. No pensó en enviar toda la humanidad al infierno por su desobediencia, y desde la caída del hombre en el huerto del Edén, planificó cómo redimirlo. Nos dio el regalo más grande que jamás se ha hecho, a su único Hijo Jesucristo, para que fuera desde el pesebre hasta la cruz dando su vida para que todo el que le acepte y viva para Él, sea juntamente con Él, coheredero de las riquezas en gloria. Permitió que fuera deshonrado ante la humanidad en la horrenda muerte de la cruz, por amor a nosotros.

Tenemos que conocer la naturaleza de Dios. A través de la lectura de la Palabra vemos cómo es Él. Jesús dijo que los discípulos serán semejantes a Él. También dijo:

> *En esto conocerán que sois mis discípulos, si tuviéreis amor los unos con los otros.*

> Juan 13:35

Como era Él, tenemos que ser nosotros. Él no pensó en sí mismo, pensó en los demás. Eso se lo tuvo que corregir a los apóstoles. En una ocasión, la madre de dos de los apóstoles dijo a Jesús:

> *Señor, ordena que en tu reino se sienten estos dos hijos míos, el uno a tu derecha y el otro a tu izquierda.*

> Mateo 20:21

El Señor los tuvo que corregir, ya que esto trajo enojo entre los apóstoles. Ese demonio de egoísmo ha estado siempre en la iglesia del Señor. Pero, cuando fueron llenos del Espíritu Santo fueron adquiriendo madurez y esa actitud desapareció.

Muchos evangélicos hoy en día están llenos de ese espíritu egoísta y sólo piensan en sí mismos. Muchos de ellos tienen su negocio y se entregan tanto a él que esto les impide asistir a los cultos de noche. Están en peligro de perder aun su salvación por amor a la raíz de todos los males: el dinero (1 Timoteo 6:10). No están pensando en la necesidad de ir a la iglesia para interceder, orar y gemir por tantos perdidos y llenarse del Espíritu Santo para convertirse en canal de bendición a tantos que están bajo el dominio del diablo.

El amor no se irrita

(1 Corintios 13:5). El amor no se deja vencer por la provocación y sobre todas las cosas es un vencedor. Pero si la debilidad llega no se aflije indefinidamente y tampoco se justifica. Reprenda y renuncie al demonio de molestia y ore hasta que el Señor le dé la victoria. El amor tiene un dominio tan grande que le permite a uno ver y entender que son demonios que nos provocan, pues la Palabra dice:

> *Porque no tenemos lucha contra sangre y carne, sino contra principados, contra potestades, contra los gobernadores de las tinieblas de este siglo, contra huestes espirituales de maldad en las regiones celestes.*

Efesios 6:12

El amor se reviste de paciencia y tiene la capacidad de soportar:

> *No devolviendo mal por mal, ni maldición por*
> *maldición, sino por el contrario, bendiciendo, sabien-*
> *do que fuistes llamados para que heredaseis bendi-*
> *ción.*

1 Pedro 3:9

El Señor tenía más derecho que nadie de enojarse por tanta transgresión cometida por el hombre, sin embargo, se entregó a sí mismo para que por Su Sacrificio fuésemos salvos. El amor se hizo carne, nació en un pesebre, vivió entre enemigos, soportó las injurias y se dio en la cruz para redimirnos.

Hay personas que se enojan muy fácilmente. La Palabra de Dios dice que Él nos ha dado autoridad sobre todo poder del enemigo (Lucas 10:19). Tome dominio sobre ese demonio. Según la Palabra, fuimos coronados de gloria y de honra para tomar dominio y poner toda potestad de las tinieblas bajo nuestros pies:

> *El que encubre sus pecados no prosperará; mas*
> *el que los confiesa y se aparta alcanzará misericor-*
> *dia.*

Proverbios 28:13

Si usted se siente mal por una injusticia que alguna persona cometió contra usted, vaya donde está ella y dígale: "Hermano, me molesté y me enojé por lo que usted hizo, perdóneme, yo me arrepiento, ore por mí". Verá que el enemigo queda desarmado. Esa persona se humillará y a su vez pedirá perdón.

La Biblia dice, que renunciemos a todas las obras infructuosas de las tinieblas (Romanos 13:12). Si usted no renuncia, ese demonio permanece, pues estaría aprobando su dominio. Por eso es que usted tiene que renunciar, confesar y orar con ayuda de los hermanos para que eso sea reprendido. Pero si estamos llenos del amor de Dios ya tenemos victoria sobre esos demonios que oprimen. Los que de veras aprecian la gran misericordia de Dios para con ellos, les parecerá que todas las injurias proferidas contra ellos, son menudencias fáciles de sobrellevar.

El amor no guarda rencor

(1 Corintios 13:5). El que guarda rencor piensa el mal. El amor no piensa hacer lo malo. No piensa en dañar ni ofender al prójimo. A todos nos vienen pensamientos que no son agradables a Dios. Pero no son nuestros, son del diablo y hay que rechazarlos y echarlos fuera en el nombre de Jesucristo. Pero si meditamos y acariciamos malos pensamientos estaríamos dándole cabida al mal y éste se introduce en el espíritu haciendo crecer raíces de amargura que enferman el alma y el cuerpo. Por eso es necesario meditar en la Palabra, porque penetra en el espíritu y uno adquiere fortaleza espiritual y recibe liberación por la fe que nos imparte. Satanás siembra en la mente el deseo de venganza, pero el amor no medita en la venganza. La Palabra nos dice:

Mía es la venganza, yo pagaré, dice el Señor.

Romanos 12:19

El rencor tiene la capacidad de odiar, despreciar ofender y destruir. El amor tiene la capacidad de perdonar, apreciar y restaurar.

El amor todo lo sufre

(1 Corintios 13:7). El amor está dispuesto a sufrirlo todo. No se refiere al sufrimiento porque perdió la oportunidad de ver un programa mundano de televisión. Eso es un sentir de la carne. Tampoco es el sufrimiento porque no obtuvo el premio gordo de la lotería. Eso es codicia y ganancias injustas. Habacuc 2:9 dice:

Ay, del que codicia injusta ganancia para su casa, para poner en alto su nido, para escaparse del poder del mal.

Hay gente que no ve la profundidad de las consecuencias de los vicios y lo que implican esos egoísmos satánicos. Lamentablemente hoy hay muchas cosas que la Biblia condena que están legalizadas, o en proceso de legalizarse. Se cumple la Palabra cuando dice: *"Que a lo bueno llamarán malo y a lo malo bueno"* (Isaías 5:20).

Ya el crimen del aborto ha sido legalizado en muchos países y los gobiernos siguen aprobando el pecado. Podría llegar el momento en que legalicen las drogas y aun el crimen de los inválidos, los ancianos y todos los que puedan ser una carga al gobierno podría ser legalizado. En algunos países está legalizada la prostitución y las prostitutas se anuncian en los periódicos como doña y señora. No hay temor de Dios, pues la Biblia dice, que las rameras no entran en el reino de los cielos. El mundo está hundido, perdido, depravado y corrompido. El amor que todo lo sufre clama a Dios por su condición.

El amor siente dolor por el más mínimo mal que esté oprimiendo al hermano, al impío y aun a su enemigo. Se identifica con el sufrimiento de los demás y como dice la Palabra, *"llora con los que lloran"* (Romanos 12:15). El amor se derrama en lágrimas por los que se pierden, en profundo clamor por ellos.

El amor todo lo cree

(1 Corintios 13:7). Esta frase hay que interpretarla correctamente, pues la misma parece ser muy abarcadora. ¿Qué es lo que cree? Cree todo lo de Dios y rechaza todo lo que no es de Dios. Hay tantos cristianos que están llenos de dudas, e incredulidad y de temores. ¿En qué Dios han creído? La Palabra dice, que el perfecto amor echa fuera el temor (1 Juan 4:18). Si estamos llenos del amor de Dios, sabemos que ese es el amor de Aquel que nos ama tanto que cualquier adversidad que llegue a nuestras vidas la va a convertir en bendición, pues entiende que todo obra para bien de los que le aman.

La Palabra de Dios dice, que si Dios con nosotros, ¿quién contra nosotros? (Romanos 8:31). Esta gran protección hace que nos movamos tranquilamente, si estamos seguros que lo que hacemos es según Su voluntad. Cuando no hay amor de Dios, no se puede captar lo grande que es la protección de Dios por nosotros que somos Sus hijos. Por eso, miles viven llenos de temores, de dudas y de sospechas. Esto impide que la fe fluya libremente.

El amor todo lo espera

(1 Corintios 13:7). ¿Qué es lo que espera? Espera todo lo que Dios ha prometido, espera todo lo que Dios dijo que ocurriría a favor nuestro. Espera todos Sus favores. *"Él es quien nos corona de favores y misericordias"*, dice en el Salmo 103:4. Espera en Dios y Él hará.

Los que esperan en Jehová tendrán nuevas fuerzas, remontarán alas como las águilas, correrán y no se cansarán, caminarán y no se fatigarán.

Isaías 40:31

Nuestra experiencia es que ciertamente nos cansamos en nuestros continuos viajes evangelísticos, pero también vemos cómo el Señor restaura nuestras fuerzas porque es Su Amor el que nos mueve. El amor que todo lo espera, es el que espera en Él y por lo tanto espera lo mejor. Nos mueve la fuerza de Dios que es el amor.

Todas las victorias de Dios son nuestras cuando nos ciñe su amor. Sabemos que Dios no puede fallar. Fallamos nosotros, pero Él permanece fiel. Tenemos seguridad absoluta en Dios si tenemos el amor que espera en Él.

El amor todo lo soporta

(1 Corintios 13:7). El amor que todo lo soporta, todo lo recibe porque se mueve en la perfecta voluntad de Dios. Dura palabra es ésta cuando no se tiene el amor de Dios. Jesús dijo:

> *No resistáis al que es malo; antes, a cualquiera que te hiera en la mejilla derecha, vuélvele también la otra, y al que quiera ponerte a pleito y quitarte la túnica, déjale también la capa; y a cualquiera que te obligue a llevar carga por una milla, ve con él dos.*

Mateo 5:39-41

El actuar con amor desarma al enemigo y desiste de sus intenciones. El amor de Dios es la fuerza más poderosa que hay aquí abajo en la tierra. Por eso es que el que tiene amor tiene fe. Y cuando la persona se mueve en amor, todo es posible porque el amor todo lo puede.

Todas las ataduras se rompen porque la plenitud de Dios es Su amor y ahí se manifiesta todo Dios. Pero cuando uno se mueve en soberbia, se está dejando dominar por los mismos demonios del ofensor. Si uno fallare porque la carne en este momento parpadeó, vaya al Señor y ore: "Señor, mira, fue mi carne que se movió antes que yo, estoy dispuesto a superarme, perdóname y ayúdame".

En Getsemaní la carne de Jesús dijo, "Padre, aparta de mí esta copa", pero inmediatamente el hombre espiritual dijo "No como yo quiera, si no como tú". Estuvo dispuesto a morir, dispuesto a derramar la sangre. Anuló un sentir de la carne que hubiera impedido la obra rendentora en la Cruz. El amor todo lo soporta por tal de no ser tropiezo a los que se pierden. Por tal de ser canal de bendición para otro. El que está lleno del amor de Dios es capaz de soportarlo todo. El que es capaz de soportar es manso y humilde, Jesús dijo:

Aprended de mí que soy manso y humilde de corazón.

Mateo 11:29

A los humildes Dios los levanta, a los soberbios los resiste, pues Santiago, 4:6 dice: *"Dios resiste a los soberbios y da gracia a los humildes".*

El sentir de la carne es muerte. Si actuamos con soberbia nos domina la carne y respiramos muerte. Pero el sentir del espíritu es vida y si actuamos en AMOR respiramos VIDA.

Cuando más herido uno se siente, es cuando Dios quiere que uno más se humille. En cierta ocasión yo estaba en una reunión de pastores y ahí frente a todo el pastorado se levantó un siervo de Dios y me calumnió. Dijo que yo era "Jesús Sólo" y que me habían hecho bautizar de nuevo en esa doctrina. De momento pensé en devolverle mal por mal, pero el Espíritu Santo me detuvo en seco y me habló: "¿Acaso tú nunca te has equivocado?".

"Sí, me he equivocado, le contesté. Entonces el Espíritu me dijo:

"Pues él también se equivoca, es mi siervo; ámalo y ora por él".

Luego de, en amor, hacer las aclaraciones pertinentes, me acerqué a él al final de la reunión y lo abracé. Ni aun le pregunté por qué me había difamado. Cuando lo abracé se desarmó. El amor lo desarma todo. Me habló con mucho cariño y me invitó a predicar a su iglesia. Invitación que con mucho gusto yo acepté. El amor de Dios obra milagros y tiene la sublime capacidad de perdonar.

El amor nunca deja de ser

Las profecías pasarán, las lenguas pasarán y la ciencia pasará, pero el amor de Dios nunca dejará de ser. Esto implica que los que permanecerán para siempre son los que están llenos del amor de Dios. Para estar lleno del amor de Dios hay que estar lleno del Espíritu Santo y el Espíritu Santo es Dios dentro de nosotros. El amor de Dios es derramado en nuestros corazones por el Espíritu Santo que nos ha sido dado. Por eso es que los cristianos sin el Espíritu Santo no tienen el amor de Dios en sus corazones. Llenos del Espíritu nos podemos mover en el amor de Dios. Entonces permaneceremos para siempre. ¡Sea glorificado el Nombre de Dios!

Capítulo 4

El mandamiento del amor

*Un mandamiento nuevo os doy: Que os améis
unos a otros, como yo os he amado.*

Juan 13:34

*L*a santidad obedece el gran mandamiento de Jesús: *"Un
mandamiento nuevo os doy, que os améis los unos a los
otros como yo os he amado"*. ¿Cómo nos amó? Dio su
vida por nosotros, se humilló por nosotros, se hizo maldición
por culpa nuestra y derramó la sangre por nosotros. Ese es el
amor de Dios. Si usted tiene santidad, ese amor tiene que estar
en usted, si no, no hay santidad. A lo mejor hay santidad por
fuera, pero por dentro no. Cristo dijo, límpiese primero el
interior del vaso (Mateo 23:26).

Cuando el interior del vaso está limpio hay santidad inter-
na, somos salvos y hay amor, entonces tenemos comunión
con los demás y caminamos en paz con todo el pueblo de
Dios. Jesús también dijo, que era necesario que el exterior
estuviera limpio. Pero hay que limpiar lo de adentro primero.

El que se limpia por fuera, pero por dentro está sucio es un fariseo del siglo veinte.

Una vez que estamos limpios por dentro, llenos del amor de Dios, de Su bondad, Su paciencia, Su mansedumbre, Su gozo, Su paz y Su fe, entonces hay que limpiarse por fuera también. La Biblia dice, que el que es santo, santifíquese más y el que esté limpio, límpiese más, para que los pecadores vean que somos gente diferente; gente de Dios que con seguridad puede decir como Pablo:

Mas nuestra ciudadanía está en los cielos...

Filipenses 3:20

El que está enojado con su hermano reconcíliese, pues está parado en arenas movedizas. El reto es amar. El amor tiene que negarse a sí mismo. Ese es nuestro reto. El que ama como Jesús amó está sentado en regiones celestiales con Cristo. El que está enojado con el hermano, no debe preocuparse más por ministrar, ni por predicarle la Palabra a la gente, pues se va a ir al infierno predicando. Vaya y reconcíliese con su hermano. No importa que usted sea el ofendido, así es el amor de Dios. Nosotros somos los que ofendemos a Dios y es Él quien nos atrae con lazos de amor para perdonarnos. Así es el amor. El ofendido da el paso para ayudarlo porque sabe que el que lo ofendió está perdido está mal delante de Dios y quiere que se salve. Sin tener culpa, Jesús llevó nuestras culpas. Siendo Él el ofendido tomó el lugar del ofensor. ¿Puede usted hacer lo mismo?

El discípulo no es más que su maestro, ni el siervo más que su Señor.

Mateo 10:24

Así es el amor de Dios. Cristo no vino a condenar al mundo y siendo aún pecadores Él tomó nuestro lugar en la cruz. Y en la cruz muriendo no dijo, "Padre, ese es un bandido, a ese no lo salves, aquél es un adúltero, no lo perdones". No, lo que él dijo fue: *"Padre, perdónalos que no saben lo que hacen"*. Así mismo es con el que nos ofende, no sabe lo que hace, el diablo lo engañó. PERDONÉMOSLO. El que ama tiene la sublime capacidad para perdonar.

Cristo no vino a condenar vino a buscar y a salvar lo que se había perdido (Lucas 19:10), el mundo fue salvo por Él. No nos salvó Pedro, ni Juan, ni Santiago, ni alguno otro, fuimos salvo sólo por Cristo. Él nos dio a nosotros el ejemplo de lo que es el amor. Nuestro reto es amar. Eso es lo que no es fácil. Muchos son conocedores de la Palabra, tienen buena oratoria y facilidad de palabras por lo que pueden predicar en cualquier momento. Pero lo difícil es amar. Sin embargo, eso es lo más grande, porque es la naturaleza de Dios. Amar como Dios, es tener todo Dios en nosotros.

Mientras las piedras rebotaban contra Esteban, él pudo decir; *"Señor, no les imputes este pecado"*. El amor de Dios todo lo soporta porque perdona. El Señor ama al borracho, ama a la prostituta, ama al adicto a drogas, ama el criminal, ama a los hipócritas y traidores. Lo que no ama es su pecado. Pero en el instante que nos arrepentimos y nos apartamos del pecado, inmediatamente nos recibe, pues eso es lo que Él anhela, salvarnos. ¡Bendito sea el nombre de Jesucristo!

Esto es lo que el Señor demanda de nosotros en su Palabra. La Biblia dice, que el que no ama a su hermano es un homicida. El homicida es un criminal y éste no tiene vida en sí mismo, dice la Biblia (1 Juan 3:15). Y añade en Apocalipsis 21:8, que los homicidas tendrán su parte en el lago de fuego. El que no tiene comunión con su hermano, no lo ama. El ofendido busca al ofensor, tiene comunión con él, lo aconseja y lo ayuda a levantarse en el Nombre de Jesús y con la fuerza de Dios. Esto es tener comunión los unos con los otros.

Estemos en paz con todo el mundo para que entonces podamos decir, "ando en luz y la sangre de Cristo limpió mi pecado".

Si no hay amor no habrá unidad en el cuerpo de Cristo que
es la Iglesia. ¿Cómo puede haber unidad donde falta el amor?
Un reino dividido no subsiste. El amor es el que nos une. El
amor unió a los primeros creyentes. Es decisivo que clame-
mos a Dios por un bautismo de amor y todos nos sintamos
responsables de convertirnos en un agente reconciliador. Pi-
damos al Señor que Él ame a través de nosotros, pues cuando
eso se logra, una paz inmensa invade nuestro espíritu. Apunte
los nombres de aquellos que no ama y empiece a orar por
ellos, a buscarlos, a abrazarlos, a decirles: "Perdóname si te
he ofendido en algo", aunque usted no lo haya ofendido. No
se moleste en orar sin reconciliarse con el hermano. Búsque-
lo, traiga paz a su corazón y al suyo, procure comunión con
él y entonces venga al altar y su oración subirá como perfume
al reino de los cielos.

Tenemos que tener comunión los unos con los otros. Comunión con los hermanos, comunión con el pastor, comunión
con los de otra denominación y comunión con los del hogar.
Muchos no tienen comunión ni con los de su propia casa. Yo me
he encontrado en campañas con siervos de Dios que han echado
sus hijos del hogar. Dicen que ya no los soportan. En este mundo
no hay nadie que pueda decir que no ha cometido faltas. Lo
maravilloso es que la sangre de Cristo nos limpia cuando come-
temos una falta, si nos humillamos en oración. ¡Cuántos hijos se
van al infierno por culpa de unos padres que dicen ser cristianos,
pero no viven la Palabra del amor de Dios!

El amor de Dios nos hace caminar en luz. Cuando estamos
llenos de Su amor estamos caminando en luz, porque DIOS
ES AMOR. La Biblia dice:

> *Si andamos en luz, como él está en luz, tenemos*
> *comunión unos con otros, y la sangre de Jesucristo,*
> *su Hijo, nos limpia de todo pecado.*

1 Juan 1:7

Cuando estamos llenos del amor de Dios estamos en luz y entonces tenemos comunión con los hermanos. Cuando se manifiesta un espíritu de desunión, división y contienda es porque no está el amor de Dios, ni se está andando en luz.

El espíritu Santo es el que da testimonio de que somos hijos de Dios y de que estamos escritos en el Libro de la Vida. Somos un solo cuerpo y cuando andamos en luz nos mantenemos en comunión los unos con los otros y permanecemos bajo la sangre de Cristo, que nos limpia de todo pecado. Es fácil decir, yo soy creyente, o soy cristiano, y despreciar al hermano y no tener comunión con él. Es hipocresía decir, yo amo a tal hermano, pero no quiero amistad con él porque me contamina.

Si amamos a Dios tenemos comunión con Él y si amamos al hermano, también tenemos comunión con él. Si no amamos al hermano, que es parte del cuerpo, ¿cómo vamos a tener comunión con Dios? Es un peligro moverse en enojo, contienda, crítica y espíritu de juicio. Dios no nos llamó a criticar, ni a juzgar; nos llamó a amar, a tener misericordia y a buscar a los que creemos que están mal para ayudarlos a que se levanten. Si los ayudamos se pueden levantar con unción y ser de gran bendición a los que se pierden. Algunos atribulan al hermano por temor a que se levante con más unción. Ellos, son piedra de tropiezo en la obra de Dios. Se creen ser únicos.

Cuando Elías huyó despavorido al desierto, porque Jezabel lo buscaba para matarlo y creía que él era el único que quedaba, el Señor le dijo, que saliera de la cueva, pues quedaban siete mil rodillas que no se habían doblado ante Baal. Ese es el problema, que muchos se creen que son únicos. Cada uno de nosotros somos los pequeñitos de Cristo y todos somos uno en el cuerpo. En el cuerpo de Cristo, que es la Iglesia, no hay nadie grande. El más grande es Jesús, que es la cabeza. Los demás somos servidores los unos de los otros.

Si andamos en luz tenemos comunión los unos con los otros. Con los que están en el cuerpo de Cristo. No estamos hablando de comunión con los impíos, ni comunión con los hechiceros, ni con los idólatras, ni con los brujos, ni con los que claman por los muertos, ni con los adúlteros, ni gente perdida en pecado, pues no puede haber comunión entre la luz y las tinieblas, pues no podemos ser partícipes de su pecado. Nos referimos a los que están en el cuerpo, gente que tienen el Espíritu Santo, que aman a Dios, que están sirviéndole al Señor y tratando de ganar las almas para Cristo.

En Hebreos 12:14, dice: *"Seguid la paz con todos..."* La paz con todos es comunión y unidad con todos los hermanos. Luego añade y la santidad, sin la cual nadie verá al Señor. Muchos predican sólo de esta segunda parte del texto y se olvidan de la primera parte, pero sin la paz no hay santidad completa. Yo predico santidad por dentro y por fuera, pero si no tuviere paz y comunión con los demás mi mensaje no haría el efecto que hace. No existe la santidad personal sino existe la paz con todos. El que no busca la paz con todos está violando lo más grande; la unidad del pueblo de Dios. Cristo oró por la unidad de Su pueblo:

> *Padre, que sean uno como tú en mí, y yo en ti, para que puedan creer que tú me has enviado.*

> Juan 17:21

El que no busca comunión, ni unidad con sus hermanos está matando los pecadores. Es un homicida, pues Cristo dijo, que si no somos uno los pecadores no podrán creer en Él. Cuando hay contienda y guerra entre hermanos, oímos a pecadores decir: "Ah, para qué me voy a convertir, si esa gente no se ama". Ahí es que está la muerte. ¿Quiénes han decretado la muerte contra ellos? Los mismos cristianos.

Por eso es necesario que antes de predicar la Palabra, el Pueblo de Dios se una. Para que el mensaje edifique debe haber paz y comunión entre los hermanos y así el pueblo pecador verá que somos un solo cuerpo, y como en la iglesia apostólica; se convertirán día a día los que habrán de ser salvos. Día a día la iglesia era aumentada por la consolación del Espíritu Santo porque había unidad. Eso es lo más importante en el pueblo de Dios. Cuando estamos llenos del amor de Dios hay comunión los unos con los otros, hay paz. Y si hay paz, hay santidad. Si alguno dijere yo soy santo y no ama a su hermano, es un hipócrita y mentiroso.

El doctor y pastor Paul Y. Cho, narra en uno de sus libros la experiencia de una madre de su iglesia. Esta madre se quejó al Pastor de que tenía una hija que era la mancha de la familia porque era una ramera que se la pasaba en moteles con hombres. Habló acerca de su hija en forma despectiva y sin amor. Cuando terminó de hablar el pastor le dijo: "Hermana, así como usted la tiene en su mente y en su boca así es ella y mientras usted no se borre esa imagen y la ponga salva y santa por la fe en el sacrificio único de nuestro Señor Jesucristo, nunca cambiará. Usted es la culpable de la perdición de su hija". La madre se quedó atónita y el pastor añadió: "Si usted cambia su actitud y se mueve en el amor de Dios, verá que la fuerza más poderosa que hay en la tierra es su amor. La fe emana del amor, los milagros emanan del amor, pues ésta es la fuerza que todo lo mueve. Es Dios mismo, es la naturaleza de Dios. Cambie de sistema y cuando ella vuelva a su casa abrácela y dígale: 'Qué linda tú estás, cuánto yo te amo, qué preciosa tú eres, veo al Señor en ti'. Esto es hablar con fe, pues a las cosas que no son, hay que decirle como si ya fueran para que entonces Dios las manifieste".

La hermana se fue maravillada para su casa y se humilló así: "Señor, perdóname, tráeme a mi hija aquí, dame una oportunidad de hablarle, pues yo soy responsable de su tragedia". En esos momentos la hija estaba en un motel con un hombre y allá sintió un toque terrible de Dios y se incorporó, salió huyendo y según corría para su casa dijo: "Señor, esta es la última oportunidad, voy a casa, si allá vuelven a botarme, maltratarme e insultarme, me perderé para siempre; pero si me dieran una oportunidad, quizás tú tengas misericordia de mí". Cuando la madre vio a su hija, la abrazó y le dijo: "Hija, cuánto te amo, cuánto te quiero, qué linda te ves, yo sé que el Señor está contigo y te va a salvar, te va a bendecir, te va a hacer nueva y nosotros te amamos, te vamos a ayudar en todo". Dice el pastor que poco tiempo después ella era la líder de una de las cédulas de oración más grandes de su iglesia.

El amor de Dios es la fuerza más grande que hay en este mundo. Pero el sentir de la carne anula su eficacia. La Palabra dice, que nuestras armas no son carnales, sino espirituales, poderosas en Dios para derribar las fortalezas del diablo. Tenemos que movernos por la Palabra, no por la sabiduría nuestra, sino por la sabiduría de Dios. Cuando Dios se mueve no hay diablo que se resista. Cuando los hijos de Israel se tiraron al piso a llorar el día entero, gimiendo y gritando en ayuno, porque iban a la batalla contra los sirios, encontraron que no había nadie vivo ya. Dios era suficiente para dar la victoria. En muchas batallas los hijos de Israel no tuvieron que disparar ni una flecha, porque Dios sólo peleó las batallas. Dios no ha cambiado, aún puede pelear nuestras batallas.

Permitamos que Él pelee nuestras batallas y se glorifique. Vamos a usar las armas espirituales que Dios nos ha dado. Cuando el Pueblo del Señor proclame ayuno; cuando el pueblo de Dios clame, gima, se humille y se decida a arrepentirse de verdad, Dios dice que, oirá desde los cielos, perdonará los pecados y sanará la tierra (2 Crónicas 7:14).

Vivimos una época donde más que nunca el pueblo de Dios debe moverse en amor porque el Rapto está a las puertas. Y proclamo por el Espíritu de Dios, que no se va en el Rapto nadie que no tenga el amor de Dios. No importa cuál sea la posición que ocupemos; ya sea misionero, maestro de la

Palabra, evangelista, pastor o líder de una organización, si el amor de Dios no está en nuestros corazones estaremos viviendo sumidos en la niñez espiritual. No son niños espirituales los que se van, son cristianos maduros.

> *Mete tu hoz y siega, pues la mies de la tierra está madura.*

> Apocalipsis 14:15

Gente madura, llenos del amor de Dios son los que se van. La madurez espiritual consiste en el amor de Dios en nosotros. Si logramos esta madurez espiritual seremos más que vencedores, el Rapto será nuestra próxima experiencia. El AMOR NOS RAPTARÁ.

Muchos cristianos pasarán por la gran tribulación porque no han logrado llegar a la meta del amor que se entrega por los demás. Aunque hablemos más lenguas que Pablo, aunque tengamos profecía, toda la ciencia y la fe; si no tenemos amor, no gozaremos del glorioso momento de la traslación de la iglesia.

Estamos llenos del amor de Dios, cuando podemos soportarlo todo, cuando tenemos paciencia, cuando no nos irritamos, cuando amamos aunque nos insulten, cuando buscamos al que nos difamó y lo perdonamos y cuando sin importar quién sea ayudamos al que está hundido. Entonces es que hemos madurado espiritualmente y estaremos seguros que cuando suene la trompeta seremos transformados con un cuerpo semejante al de la gloria de Cristo.

Tanto amó Dios a sus enemigos. Y eso demanda de nosotros. Es fácil amar al que nos ama. Pero Dios espera que amemos a los que nos difaman y nos insultan. Tanto amó Dios al mundo, que envió a Su propio Hijo, a Su Unigénito, al Único, para que todo aquél que en Él cree no se pierda, si no que tenga la vida eterna. Cristo vino en ese mismo amor, dispuesto a morir por nosotros. Aún siendo pecadores Él murió en la cruz por nosotros.

Si somos creyentes de verdad, cristianos de corazón tenemos que movernos en amor. Dios está presto para ayudarnos, pues es Él, a través de Su Espíritu Santo, que nos llena de Su amor. Esa obra la hace Dios cuando nosotros nos arrepentimos y venimos a Él. Confiese su impotencia y clame: "ayúdame Señor que Tú sabes que yo solo no puedo, pero Tú puedes, yo soy insuficiente, pero dependo de ti", y Dios lo hace. Dios es el que renueva las mentes, el que cambia todo en los seres humanos y hace nuevas criaturas a las gentes. Esa obra es toda del Espíritu Santo. Usted no lo puede hacer por sus propias fuerzas, pero Él dice: "Yo te daré el poder de ser hecho un hijo de Dios". Usted debe decir como Pablo:

Todo lo puedo en Cristo que me fortalece.

Filipenses 4:13

Mateo 5:4 dice: *"Sed perfectos como vuestro Padre que está en los cielos es perfecto"*. Para ser PERFECTOS tenemos que estar unidos por el vínculo del AMOR, pues Colosenses 3:14, dice: *"Y sobre todas estas cosas vestíos de amor que es el vínculo perfecto"*. Un cristiano lleno del amor de Dios tiene un corazón PERFECTO para con Él y su Palabra dice:

Porque los ojos del Señor contemplan toda la tierra para mostrar su poder a favor de los que tienen corazón perfecto para con él.

2 Crónicas 16:9

Capítulo 5

El amor que te hace libre

*L*uego de leer este libro, ¿Reconoce usted que necesita a Cristo en su vida? ¿Reconoce que el PERFECTO AMOR de DIOS debe ser el que controle todos sus movimientos?

Si ya ha aceptado a Cristo como su único y suficiente Salvador y reconoce que este AMOR no controla su vida, debe rendir a Cristo en ayuno y oración esas áreas de su vida que le afectan negativamente. Dios no fallará en hacer de usted un cristiano vencedor, si con corazón sincero confiesa sus debilidades y se esfuerza en superarse. Recuerde que las armas de nuestra milicia no son carnales, si no poderosas en Dios para la destrucción de fortalezas (2 Corintios 10:4).

Si aún no ha aceptado a Cristo como su único y exclusivo Salvador, este es el momento en que debe abrirle paso en su corazón. Si quiere el dominio del AMOR de DIOS en su vida.

1. Reconozca que tiene una gran necesidad en su vida: la necesidad del perdón de sus pecados. Romanos 3:23 dice: *"Por cuanto todos pecaron, están destituidos de la gloria de Dios"*.

2. Confiese sus pecados a Cristo. En 1 de Juan 1:9 dice: *"Si confesamos nuestros pecados, él es fiel y justo para perdonar nuestros pecados, y limpiarnos de toda maldad"*. Este es un paso de arrepentimiento en que nos duele haber sido partícipe de los pecados de este mundo.

3. Por medio de la oración, invite a Jesús a entrar en su corazón y que tome control de su vida. Recíbalo como su Salvador y Señor. Romanos 10:9 dice: *"Que si confesaras con tu boca que Jesús es el Señor, y creyeres en tu corazón que Dios lo levantó de los muertos, serás salvo"*. Cuando Jesús entre en su corazón, Él cambiará toda su pasada manera de vivir y con gozo podrá decir: "Soy una nueva criatura en Cristo Jesús".

4. Persevere en el Señor. Para esto debe hacer el hábito de orar y leer la Biblia diariamente; además de asistir regularmente a una iglesia que predique que Cristo salva, sana, bautiza con el Espíritu Santo y regresa otra vez a la tierra. Marcos 13:13 dice: *"Mas el que perseverare hasta el fin, éste será salvo"*.

ORACIÓN DE CONFESIÓN:

"Amado Jesús, reconozco que soy un pecador y necesito tu perdón. Creo en mi corazón que diste tu vida en la cruz por mí y que tu sangre me limpia de todo pecado. Perdona mis muchos pecados y escribe mi nombre en el libro de la vida. Quiero que ahora mismo entres a mi corazón y a mi vida. Bautízame con tu Santo Espíritu y toma control de mi mente y todo mi ser. Ayúdame a serte fiel para poder perseverar hasta el fin. Gracias por la salvación de mi alma. Te amo Jesús. Derrama tu AMOR en mi corazón, el AMOR que me hace LIBRE en Cristo Jesús. Gloria sea a tu Nombre. Amén"